Pequeños EXPERTOS EN ecología

Aprendamos sobre la biosfera

La biósfera

Como ser guardianes del planeta

PowerKiDS press.

Published in 2023 by PowerKids, an Imprint of Rosen Publishing
29 East 21st Street, New York, NY 10010

Cataloging-in-Publication Data
Names: Editorial Sol 90 (Firm).
Title: Aprendamos sobre la biosfera / by the editors at Sol90.
Description: New York : Powerkids Press, 2023. | Series: Pequeños expertos en ecología
Identifiers: ISBN 9781725337527 (pbk.) | ISBN 9781725337541 (library bound) | ISBN 9781725337534 (6pack) | ISBN 9781725337558 (ebook)
Subjects: LCSH: Biosphere--Juvenile literature.
Classification: LCC QH343.4 L48 2023 | DDC 333.95--dc23

Coordinación: Nuria Cicero
Edición: Alberto Hernández
Edición, español: Diana Osorio
Maquetación: Àngels Rambla
Adaptación de diseño: Raúl Rodriguez, R studio T, NYC
Equipo de obra: Vicente Ponce, Rosa Salvía, Paola Fornasaro
Asesoría científica: Teresa Martínez Barchino

Infografías e imágenes:
www.infographics90.com
Agencias: Getty/Thinkstock, AGE Fotostock, Cordon Press/Corbis, Shutterstock.

Manufactured in the United States of America

CPSIA Compliance Information: Batch #CSPK23. For Further Information contact Rosen Publishing, New York, New York at 1-800-237-9932.

Find us on

CONTENIDO

¿QUÉ ES LA BIOSFERA?

La biosfera es una estrecha franja de tierra, mar y aire de nuestro planeta donde la vida es posible. Es el espacio donde viven los seres vivos, desde los insectos, plantas y organismos más pequeños, hasta el hombre.

De la superficie al centro

De los más de 6,000 kilómetros que hay desde la superficie de la Tierra hasta su centro, apenas unos metros -los que alcanzan las raíces de los árboles- albergan vida. En esta zona la vida depende de la energía del Sol y de la circulación del calor y los nutrientes esenciales.

Y al aire

La atmósfera es una capa gaseosa de aproximadamente 10.000 km de espesor que funciona como un enorme escudo protector de la Tierra. De esos miles de kilómetros, apenas 8 son aptos para el desarrollo vital.

¿SABÍAS QUE?

Aunque debajo de la superficie de la Tierra, a pocos metros, la vida es escasa, en el mar hay organismos vivos a más de 11.000 m de profundidad.

¡QUÉ CANTIDAD DE ESPECIES!

Plantas y árboles

Todos los vegetales, plantas y árboles, son seres vivos. Y en muchos de ellos, además, habitan otras especies: desde un pequeño e invisible parásito, o un hongo o incluso los pájaros que anidan en un árbol.

Vida animal

Hasta el momento se han catalogado más de 953.000 especies de animales. ¡Y los científicos creen que en realidad deben existir unos 7 millones en total!

La biodiversidad es la variedad de todas las formas de vida del planeta en los ecosistemas terrestres y marinos. Hasta ahora se han descrito 1.75 millones de especies diferentes.

Vida marina

En los mares y los ríos habitan también infinidad de especies: algas, líquenes, arrecifes, reptiles, peces, mamíferos –como el delfín marino o el de agua dulce– e insectos. Y, si no lo sabías, también hay vida parasitaria.

LOS ANIMALES POR GRUPOS

Mamíferos

Los mamíferos son, quizás, los animales más conocidos... Pero son los menos numerosos: apenas hay 5.000 especies diferentes de mamíferos y son monofiléticos, es decir, descienden de un antepasado común.

Aves

Existe una gran variedad. Muchas surcan los cielos, otras no pueden volar y otras saben nadar. Están en todos los continentes y son más de 9.000 especies.

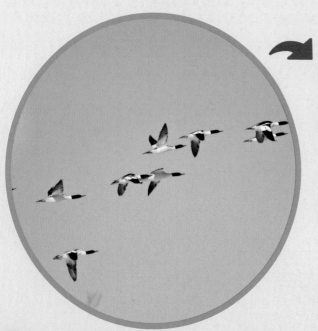

Reptiles y anfibios

Terrestres o acuáticos, o ambas cosas a la vez, habitan muchos ecosistemas y, entre ambos, suman más de 11.000 especies.

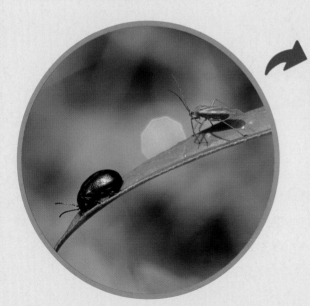

Invertebrados

Los invertebrados –insectos, moluscos, arañas, gusanos…– están en todas partes y representan el 95% de los animales de la Tierra.

LA PÉRDIDA DE LA BIODIVERSIDAD

Cuando aumenta la población, crecen también las necesidades de espacio para construir viviendas, centros de trabajo, estudio y ocio. Y con esos espacios desaparece la biodiversidad.

Los bosques

Bosques, sabanas, páramos y desiertos están amenazados por el hombre. Su vegetación y animales corren el riesgo de desaparecer con ellos.

La tala

Al ganar espacio para viviendas o cultivos en zonas silvestres y no replantar las especies taladas, se pierde también la población de animales.

Los animales

Al cambiar el curso de un río o modificar un camino natural, los animales pierden sus fuentes de alimento o lugares de apareamiento.

La construcción

Cuando se construyen grandes sistemas de riego o presas hidroeléctricas, se modifica el curso de los ríos, se inundan bosques y desaparecen especies.

PARAÍSOS NATURALES

Cap de Creus

En el punto más al este de la península ibérica, en Cataluña, se halla el Parque Natural Cap de Creus. Un paisaje litoral salvaje, moteado de pequeños islotes, con acantilados de vértigo y recónditas calas. Un paraíso biológico con formaciones rocosas esculpidas por la erosión del agua, bosques y una rica vida marina.

Con casi 1,000,000 km2, el Parque Nacional del Noreste de Groenlandia es el más grande del mundo. Se creó para proteger las delicadas fauna y flora de la isla.

Parque Nacional del Noreste de Groendlandia

Los espacios naturales son áreas de la Tierra que no han sido modificadas por el hombre. Este término abarca parques naturales y nacionales, áreas protegidas y zonas vírgenes, cuyas especies están vigiladas.

Pantanos de Centla

Los Pantanos de Centla, en México, fueron declarados Reserva de la Biosfera por la UNESCO para garantizar la preservación de los miles de seres vivos que habitan allí. En esta área coexisten ecosistemas muy variados con flora y fauna diferenciadas.

Más de la mitad de la Isla de Navidad, al oeste de Australia, es un parque natural protegido. Su lejanía y la poca intervención del hombre han permitido que se desarrolle una flora y fauna propia, de mucho interés para los científicos.

Isla de Navidad

UN ECOSISTEMA ÚNICO

De interés mundial

Formado por 8.000 km2 de islas de origen volcánico, el archipiélago de las Galápagos es objeto de especial protrección por parte del Ecuador y de la comunidad internacional.

Tortugas gigantes

Aves marinas y aves costeras

Las islas Galápagos se encuentran en el océano Pacífico, a 1000 km de la costa del Ecuador, donde confluyen las mayores corrientes oceánicas. Este archipiélago forma un hábitat marítimo y terrestre único por su amplia biodiversidad.

51,351.587 km²

is the surface of the Galapagos Marine Reserve, a Natural Heritage of Humanity.

Gracias a Darwin

¿Te suena el nombre Charles Darwin? Claro, es el famoso naturalista inglés que investigó la evolución de las especies. Pues, él visitó las Galápagos en 1835 y fue el primero que describió muchas especies que habitan allí.

Una fauna diversa

EN PELIGRO DE EXTINCIÓN

Panda rojo

Atún oriental

Tigre de Amoy

Delfín chino de río

Panda

Guacamayo jacinto

Clasificación del riesgo

Extinta en su hábitat ●
Especie que ya sólo sobrevive protegida por el hombre.

Riesgo crítico ●
Su desaparición es inminente y casi inevitable.

Puede deberse a la intervención del hombre o a causas naturales, pero lo cierto es que hay miles de especies que pueden desaparecer de la faz de la Tierra. Aquí solo algunas:

Gorila occidental del río Cross   **Tortuga Carey**   **Rinoceronte negro**

Tortuga gigante de Santa Cruz   **Sapo pintado**   **Lince**

En peligro ●
La población de la especie está descendiendo con rapidez.

Vulnerable ○
Hay un riesgo alto de que esa especie empiece a desaparecer

MAMÍFEROS AMENAZADOS

Casi uno de cada cuatro mamíferos está en riesgo de desaparición total debido a la destrucción de sus hábitats. Sus amenazas: la contaminación, la deforestación y la caza furtiva.

Gigantes africanos

Algunos animales de gran tamaño como el rinoceronate, el elefante y el hipopótamo también están en peligro crítico. Pueden pesar hasta una tonelada de peso y son herbívoros.

Existen varias especies de rinoceronte que están en peligro de extinción. El motivo principal es la caza ilegal y los cambios en su hábitat.

Rinoceronte negro

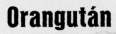

Orangután

Primates

Este orden es el más afectado entre los mamíferos. Casi la mitad de las especies está en riesgo por la destrucción de bosques y el comercio ilegal de ejemplares.

El orangután está al borde de la extinción. Habita en Indonesia y Malasia, donde hay varias organizaciones que se dedican a salvar la especie.

Cetáceos

Es otro de los grupos de mamíferos seriamente amenazados. Sobre todo las pequeñas especies costeras y de agua dulce.

La ballena azul, que es el animal más grande de la Tierra, durante mucho tiempo fue cazada ilegalmente.

Ballena azul

ANFIBIOS, EL GRUPO EN MAYOR RIESGO

Sapo Arlequín

Esta especie se encuentra en peligro crítico porque es muy perseguida por sus colores y es capturada para el comercio ilegal. A la vez, la deforestación destruye su hábitat (Costa Rica).

Sapo Dorado

Todavía no se sabe cuál ha sido la causa por la que ha desaparecido esta especie. Quizá por la lluvia ácida o pequeñas variaciones en el ambiente.

Según la Unión Internacional para la Conservación de la Naturaleza, las poblaciones de anfibios de todo el mundo están disminuyendo más rápido que otros grupos de animales. Más del 30% de las especies figuran en la lista de amenazadas.

Salamandra Manchada

Su hábitat es el bosque, por lo que el crecimiento urbano y la deforestación la afectan directamente, así como la contaminación ambiental. Es por eso que está amenazada.

Escuerzo

En peligro crítico porque su población ha bajado un 80% en las últimas décadas. Este descenso se atribuye a un hongo que intoxica a los anfibios.

LOS PELIGROS DE LA CAZA ILEGAL

Existe la caza legal y la ilegal. La primera está regulada y autoriza la caza de animales cuando las poblaciones han aumentado mucho. Pero la ilegal puede acarrear la extinción de las especies.

Cazadores furtivos

Los cazadores furtivos matan para exhibir las pieles de los animales que cazan, o sus cabezas, como trofeos. Mucha gente cree que se trata de un deporte, pero no debe ser considerado como tal.

Trofeos de caza

Muchos países han prohibido el ingreso e importación de trofeos de caza.

El negocio del marfil

La población de elefantes africanos y asiáticos ha disminuido alarmantemente por el valor que alcanza el marfil de sus colmillos en el mercado.

Uso medicinal

La población de tigres en Asia es casi inexistente debido a la caza de este felino. ¿La razón? Se usa en preparados para la medicina tradicional china, de poca efectividad científica. Todos los animales cazados, incluso los que no llegan a morir, soportan cargas enormes de miedo y estrés.

Hunted animals—even those who aren't killed—endure fear and stress.

En la moda

Poblaciones enteras de aves, lagartos y reptiles se han visto diezmadas por la utilización de sus plumas y pieles en artículos de vestir.

Many organizations are working to end the international trade in animal skin.

En el mar

La pesca del tiburón está penada por la ley en muchos lugares del mundo. Hay gente que cree que la aleta de este animal tiene propiedades medicinales. Y no es la única especie marina que está en peliro por la caza ilegal...

Gracias a los avances tecnológicos se pueden crear tejidos que imitan la piel de casi cualquier animal. Prefiere siempre comprar sintéticos y no pieles naturales.

Un tema complejo

Muchas veces los agricultores y ganaderos tienden trampas para defender sus granjas de animales que pueden llegar a ser muy dañinos, como los zorros. Otras veces el hombre ha cazado animales que no le hacían daño, como las ballenas, hoy en peligro de extinción.

En la decoración

No sólo especies mamíferas son cazadas para ser luego objetos de decoración y exhibición, sino también peces, aves y reptiles.

EL MAR SUFRE

La pesca sin control pone en peligro tanto a las especies marinas como al equlibrio de los propios ecosistemas. Por eso, la pesca responsable y otras medidas de conservación garantizan el futuro de nuestros océanos.

Pesca responsable

Se trata de aquella que es artesanal o que cumple ciertos requisitos. Sabe seleccionar las especies que quiere pescar, no utiliza productos tóxicos o peligrosos y no descarta ningún ser vivo que haya capturado. Todo lo aprovecha.

Peces jóvenes

Si se sobrepescan ejemplares juveniles, no pueden llegar a adultos para reproducirse. Eso hace que el futuro de las especies corra peligro.

Arrecifes de coral

La pesca descontrolada afecta el equilibrio necesario para la salud de los arrecifes, hábitats marinos muy importantes por su diversidad.

¿QUÉ ES LA PESCA DE ARRASTRE?

La pesca de arrastre es muy eficaz pero nada ecológica. Se hace con una red que sirve para "barrer" el fondo marino, capturando todo lo que encuentra. Es una pesca no selectiva, que destruye el ecosistema.

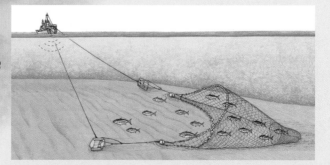

EL AVANCE DE LOS DESIERTOS

Desde los tiempos prehistóricos los desiertos se expanden y retraen de acuerdo con las condiciones ambientales. Pero, tras la aparición del hombre, se han multiplicado los terrenos áridos e irrecuperables. Veamos cómo sucede:

Una vez que se agotan los nutrientes, el suelo pierde su fertilidad y se abandona.

3

La cobertura vegetal se retira para utilizar las tierras en la producción agropecuaria.

El proceso de degradación

1

2

El suelo es sobreexplotado debido a la agricultura intensiva y el pastoreo. Los nutrientes que se extraen del suelo no vuelven a él.

Desprovisto de cobertura vegetal, el agua y el viento completan la erosión y el suelo se vuelve inútil.

4

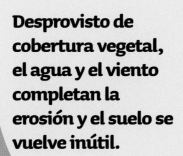

Vulnerabilidad	Otras regiones
Muy alta	Seca
Alta	Fría
Moderada	Húmeda no vulnerable
Baja	

PANORAMA PREOCUPANTE

Este mapa muestra cuáles son las tierras más vulnerables a la desertificación.

LA HUELLA ECOLÓGICA

Desde hace décadas, la huella ecológica es el indicador más aceptado para medir el impacto del ser humano en el planeta.

Qué mide

Se trata de un cálculo aproximado del área ecológicamente productiva que un país o una región consume para generar los recursos que utiliza y para asimilar los residuos que produce.

Tierras de cultivo

Pastos

Bosques

Absorción de carbono

Tierras urbanizadas

Zonas de pesca

Cómo se mide

Se realiza una estimación en base a miles de datos clasificados en seis áreas, según el tipo de superficie: cultivos, pastos, bosques, terreno urbanizado, zonas pesqueras y áreas de absorción de CO_2.

Porqué es importante

Sin darnos cuenta, en nuestra vida diaria realizamos multitud de actividades que tienen un impacto sobre nuestro medio. Y ese medio debe asimilar ese impacto. Por eso es tan importante la huella ecológica, porque nuestro medio no es infinito, y algún día se puede dañar.

¿QUÉ PUEDES HACER TÚ?

La biodiversidad es una riqueza enorme de la que tú eres dueño. Y, como todo lo que es tuyo, debes protegerla para así mejorar la salud del planeta. Puedes ayudar mediante **5** TAREAS como estas:

1 Preservación de especies

Un problema que amenaza a la biodiversidad es el tráfico de especies exóticas. Muchas no toleran los traslados o mueren poco después de haber sido retiradas de su hábitat natural.

2 Evita adquirir productos –como pieles, plumas o huevos, y sus derivados– que provengan de especies amenazadas o en peligro.

3 Si vas a adquirir una mascota, asegúrate antes de que no pertenezca a alguna especie en peligro. Recuerda que es mejor que sea una especie autóctona.

4 No adquieras plantas exóticas si no tienes la seguridad de que puedan adaptarse a su nuevo hogar.

5 Contribuye con una pequeña manifestación de la diversidad: haz tu propio huerto y ocúpate de cuidarlo.

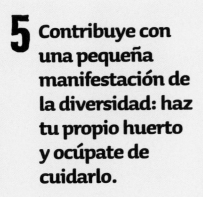

ANTIPULGAS NATURAL

Los pesticidas y plaguicidas químicos son muy contaminantes. Ayuda al medio ambiente utilizando esta mezcla segura y natural para alejar a las pulgas de tus mascotas.

NECESITARÁS:
- cáscara de naranja
- 1 taza de agua
- licuadora
- cacerola
- algodón

PASO A PASO:
las explicaciones
en la página siguiente.

PASO UNO

Trocea la cáscara de naranja en pedazos pequeños y tritúrala en una licuadora.

PASO DOS

Agrega a la pulpa obtenida alrededor de 1 taza de agua y vuelve a licuar.

PASO TRES

Vierte la mezcla en una cacerola y ponla a cocinar. Cuando hierva, baja la temperatura y déjala 5 minutos más.

PASO CUATRO

Déjala enfriar y pon la mezcla en un frasco de plástico o cristal. Luego, ya puedes frotar este líquido sobre la piel de tu mascota.

Conclusión

Las pulgas odian los ácidos, como el vinagre o los cítricos, y por eso se ahuyentan con su olor. Esta preparación es una opción sana y natural para repelerlas y cuidar así nuestras mascotas.

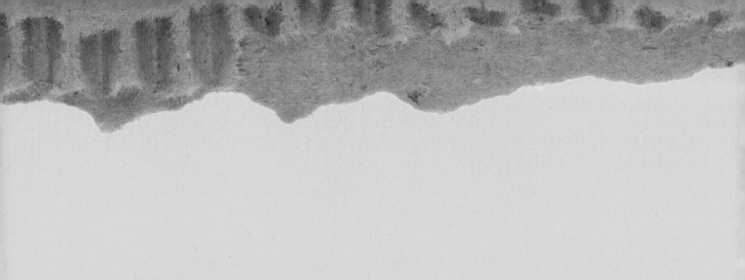